« UNE GLISSE LIBRE »

Vincent Boucard

Mémoires de free-ride

© 2025 Vincent Boucard
Publisher: BoD · Books on Demand,
31 avenue Saint-Rémy, 57600 Forbach,
bod@bod.fr
Printer: Libri Plureos GmbH,
Friedensallee 273, 22763 Hamburg
(Allemagne)
ISBN: 978-2-3225-5270-2
Legal deposit: Juin 2025

Une préface de Frédéric Beigbeder aurait elle été possible ?

Du même auteur :

ça part en free ride
Roller skate Buissonniers
Sports extrêmes et effondrement

« J'aimai le désert, les vergers brûlés, les boutiques fanées, les boissons tiédies. Je me traînais dans les ruelles puantes et, les yeux fermés, je m'offrais au soleil, dieu de feu.»

Arthur Rimbaud

« Find what you love and let it kill you. »

Charles Bukowski

La prose s'impose

J'en ai à profusion, ça dégouline
En free-ride j'ai accumulé une mine
D'histoires géniales et d'autres stupides
Une vie de glisse risquée, avide

Sur mon surf avant que je ne tombe
Ta silhouette féminine m'attire, une bombe
Oubliant ce mot pris au piège des courbes
Je dois rester droit, éviter d'être fourbe

Qu'est-ce que le free-ride, me direz-vous ?
Un songe, un rêve, au fond de nous
Une croisade, la quête de la beauté
Sur chaque élément, faire plus que passer

Une bourrasque derrière nous éconduit là
Mes terribles erreurs de kite, n'en sont pas
Terrassant ma foi mon swing mon cœur
Ce surf restera immobile jusqu'à l'heure

Un champ de neige fraîche
Est comme une page blanche
Cela vous donne la pêche
C'est là que l'on s'épanche

D'est en ouest dans le dédale, le long des champs,
J'ai partout flâné
Mais il n'y a qu'à tes cotés
Que j'aime skater vraiment

Sur l'horizon pourpre du soleil couchant
Je touche du doigt tes traits sexy
Devant moi pas une roue avant
Ne parviens à rouler ici

Je croyais être parti glisser
Alors que j'avais déjà débuté
Devant l'obstacle mon muscle tremble
C'est notre paradis superficiel ensemble

Pris en étau dans ce stupide piège
Je commence à rider dur, j'allège
Pour un sourire scintillant à tes lèvres
Je n'aurai jamais dû crier, abandonnant la trêve

Triste apeuré touché en plein vol
Paradoxe d'avoir dû quitter cette école
Comme un con rancunier je vais chialer
Devant l'infirmière aux seins carnassiers

Gavé d'écume salée, devant ce célèbre Dieu
Rien n'efface ma condition humaine mortelle
J'expose mes conneries aventurier délicieux
Flirtant au confins du chaos, déployant mes ailes.

Flashé par tant de honteuses attitudes
Mon planchon me porte au-delà des habitudes
La franchise supporte mal de fausses excuses
J'aurai du clasher bien avant que tu ne m'uses

De mon plus gros banco sur le park

Je reviens toujours à cette sinistre embarque
Prisonnier satisfait de multiples efforts
Sans me sortir les doigt j'avais vraiment eu tort

D'un coup de dé à trois cent soixante
Je me retourne pour t'observer lascive
Avançant simplement ton idée me hante
Le sens des mots donne une idée très vive

Au Grands Montets j'évite l'hélico
D'une benne à l'autre sous les câbles
La montagne s'offre ainsi au plus haut niveau
Ma session de poudreuse restera valable

Parcourant la lagune à la rame
Le line-up change sans cesse
Des efforts tranchant me pâme
D'une vague blanche que je te laisse

Les cris s'entendent sur le skate park
Nous jouissons tous d'une certaine hargne
Avoir un skate c'est plusieurs corde à son arc
A condition qu'un de nous se magne

Je me suis vautré lamentablement
Les oracles ne sont pas fiables

Mon free-board lui jamais ne me ment
Ta douce présence était palpable

Dans tes cheveux je retrace mon ride
Contre ta peau il y a la plage
Je sens ici que « something is hide »
Pourquoi attendrai-je le vieil âge ?

Dans le liquide émeraude je nage
Entre chaque vague ma respiration
Me demande de revenir sur la plage
En gourmand je vais me gaver d'émotion

Une tristesse m'envahit très lentement
Ma souffrance était sûrement prévisible
J'évoluais loin sans discernement
Mon shuffle hasardeux n'était pas assez crédible

Où étais-je dans cet océan infini ?
Entre chaque vague la peur m'étreint
Jamais mon surf ne sera bien compris
Si cette sensation de crainte m'atteint

Les gens me croisent et me regardent
J'ai travaillé mon style
A l'ombre du bloc je skatai tranquille

Ma valdingue s'est passée par mégarde

Sur ces modules je ne cesse de chuter
Il faut que j'arrête je n'ai plus de jus
Ces mecs chelous ont finis par me tuer
Ce sera la dernière fois que je les ai cru

Le vent caresse mon visage froid
Je prend trop de vitesse
Sur cette route je n'ai qu'un seul droit
Juste rouler tout en finesse

Ma chute en roller fût fatale
J'aurai dû rendre les armes
Amertume lâchait cette larme
Peut-on trouver ce sport banal

D'un engagement total en montagne
Les sommets alentour se contemplent
Mes skis me guident au val de Bagne
Est-ce que j'égalerai ces sauts amples

Au milieu de cette terrible compétition
Une sensation incroyable décuple ma force
Le contest bas son plein, je suis en mission
Toute erreur sera sensiblement atroce

La société moderne ne représente rien
Seul votre free-ride importe au quotidien
Quel que soit la vaine et futile réalité
Combien de fois ai-je mis ma vie en danger ?

La côte des Basques est surpeuplée
Aucune manière de parvenir à surfer
Je vais rassembler mes forces à la nage
Explorer l'inconnu de la côte sauvage

Quoi qu'il en soit la vie est une fête
Sur le skatepark je me suis cogné la tête
Connaissez vous plus belle déchéance
Qu'être capable de cramer ses chances ?

Parcourir le monde pour trouver l'équilibre
Se laisser rêver, avoir confiance en soi
De toute chose je ne connais plus grande joie
C'est la seule façon d'être vraiment libre

Ce que je fais restera inutile
Mais surfer ça donne du sens
Tout ça n'est pas débile
Avoir le risque comme essence

Le monde moderne m'ennuie
Aucune possibilité de s'amuser
C'est pour ça que je vous fuie
En montagne je vais retourner skier

La glisse n'est pas une religion
C'était mon mode de vie
Je privilégie toujours l'action
Il suffit juste de suivre ses envies

Dans cette vague je me suis fait chiffonner
C'est normal ma Valériane
C'est ce qu'on nomme la machine à laver
Sur la plage en pâture aux ânes

Je n'ai pas choisi cette passion dévorante
Elle s'est imposée à moi par évidence
Mon énergie, ma fougue me hante
Sur n'importe quel élément il fallait que je danse

De nos jours tout est sécurisé
Les normes sont tellement ennuyantes
Une pratique vraiment attirante
C'était engager notre intégrité

Le dogme de la glisse impose
De se démarquer par originalité
Sur ce saut il fallut que je me pose
Cette idée était mal barrée

Le monde minéral est comme un rêve
Plage, montagne, tout est hostile
Il n'y a jamais aucune Eve
Cette remarque était mal habile

Un extravagant déplacement

Tous ces anglicismes sont vivants
Il ne s'agit pas de Grec ou Latin
Notre langage est parlé vraiment
Nous nous comprenons très bien

L'histoire de la glisse n'est pas moderne

De tout temps les hommes ont bougés
Le business qui en découle me rend terne
Que personne ne touche à ce champ de liberté

Cette nuit là quand je me suis réveillé
Au creux de mon rêve j'avais deviné le jour blanc
Lorsque que j'ai ouvert les volets lentement
L'atmosphère était réellement brumassé

La montagne m'apporte cette incroyable sérénité
Sur toutes ces pentes je ne me laisse glisser
D'aucune manière je ne me laisserai faire
Attendre la gravité passif c'est trop l'enfer

J'ai souvent des remords
Trop de conneries de crois
Lorsque apercevant ce chamois
Pourquoi l'avoir fait fuir alors

Risquer de se tuer n'est pas du suicide
C'est simplement vivre très lucide
Le quotidien n'a vraiment rien à offrir
Alors que la vie peut nous faire sourire

Quel pied de ressentir l'adrénaline
Orfèvre du sport j'en transpire

Il n'y a pas plus belle héroïne
Jamais je n'aurai dû vous le dire

L'immensité des éléments
Incomparable à la foule
Transporte les pratiquants
Aussi loin que porte la houle

Paris n'a que faire de ma glisse urbaine
En skate, en roller je la parcoure
Les gens me grisent c'est une aubaine
C'est un vrai plaisir chaque jour

De cette caste je n'ai connu plus fort
Entre nous l'amitié demeure
Personne ne commet de tort
Ici la droiture ne se meurt

Pardonne moi mon amour
Je repart patins aux pieds
Mais je sais qu'un jour
Je devrais m'arrêter

Transformer sa vie en légende
Est un magnifique danger pour chacun
Mais où trouver quelque chose qui bande

Autant que le surf au matin

Le free-ride est une symphonie
Faite de drames, de rires, de sang, de sueur
Aucun obstacle, pas même la pluie
N'entrave l'évolution des plus joueurs

Repoussant les limites de l'extrême
L'intelligence nous pousse en avant
Les règles du jeu ne sont plus les mêmes
Le risque est devenu omniprésent

Il ne s'agit pas seulement de paraître
Mon skate, mon œuvre, ma raison d'être
Vous pouvez trouver ça ridicule
Je me bat pour sauver ma bulle

Même si je préfère rester à l'aise
Il est très dur de tomber sur le bitume
Mon cœur léger autant qu'une plume
Il n'est pas question qu'on me baise

Porter haut les valeurs de respect
En aucun cas vous ne pouvez passer outre
A ma vue ne manquez pas de toupet
Sinon vous pourrez aller vous faire foutre

Arpenter le monde en glissant
S'avère être un art de vivre
Il n'y a rien de plus vivant
Que cette sensation faussement ivre

Mon poignet me fait encore souffrir
Ce n'est pas à force de me branler
J'avais pourtant pris beaucoup de plaisir
Quelques instants avant de tomber

Sur ce gap je ne passerai pas par derrière
Je ne dois rien laisser au hasard
Ça peut passer, ça doit le faire
Sans me vautrer comme un connard

A cette compétition je lutte seul pour moi
Il n'y a pas de véritable adversaire
Je crois au dépassement de soi
L'exploit sera merveilleux de me taire

Depuis plus de trente ans j'ai pratiqué
La glisse sous toutes ces formes
Aujourd'hui ma vie est juste raté
Je ne possède aucune richesse des hommes

Quel que soit votre propos
Je n'ai rien à foutre de rien
Même si je retourne à l'eau
Je continue de chercher ce lien

Lorsque tes yeux me corrigeant
Je sens avoir fauté par mon absence
Tu me comprendra désobéissant
Mais la glisse est mon sixième sens

Rider la nuit est fantasmagorique
C'est tout bonnement explorer l'infini
Paranormal presque catégorique
Le cosmos recèle tellement d'oubli

Préparez-vous pour l'entraînement
Car pour envoyer les pirouettes
Vous devrez être intelligent
Voir même, ne pas trop faire la fête

En soulevant hâtivement cette planche
Maladroit je la cogne sur le plafond
Je la repose lentement vers Sallanches
J'ai dû voyager sans tourner en rond

J'ai rencontré en Europe beaucoup de guerriers
D'habitude j'adorai remonter la pente à pied
Dépassant le stade du loisir, de la mode
Loin des touristes je me défaisais des codes

A cet endroit de la montagne
Tout ce que voient vos yeux
Plus profond qu'Hypocagne
Serait vraiment d'embrasser les cieux

Le skate est le plus primitif des outils
Toutes les planches les lattes, boards
Vous conduiront à ce geste abouti
S'écouter soi, s'affranchir des ordres

Sur la route qui monte à Verbier
Je commence sérieusement à flipper
Surtout en cas de fin du monde
Je pense à protéger ma blonde

Pas besoin de beaucoup d'argent
Pour pouvoir commencer à skater
Il suffit d'avoir un peu de temps
Et de comprendre comment l'utiliser

Je suis monté tellement haut

J'ai cru m'envoler
Mais il fallut finir ce saut
Sans se faire terrasser

Mes parents n'ont jamais compris
Pourquoi j'ai foiré ma vie d'ingénieur
C'est parce qu'en roller je suis parti
Doté d'un tempérament explorateur

La souplesse, le dynamisme, la confiance
Sont toutes les qualités de mon enfance
Grâce au free-ride je les ai gardé
C'est dire si j'ai réussi à évoluer

Ai-je vraiment abusé du chômage ?
Pour mes sessions dans la fleur de l'âge
J'avais pourtant cherché du travail
Mais il n'y avait rien à faire qui vaille

Si tu passe par Lausanne la ville
Soigne l'âme de ton style
Les locaux sont très à cheval
Sur les accidents et tout ce mal

J'étais si loin sur ce mont enneigé
J'aurai pu attraper un nuage à la main

Il me fallait rester concentré
Et ne rien remettre à demain

Le stress commence à me prendre
Il y a du monde sur le park
Ma place ne sera pas à rendre
Je sais apposer ma marque

Face aux chutes, aux blessures, aux traumas,
Les adeptes de sports extrême sont compréhensif
Tous sans exception seront toujours là
Pour ne pas saouler avec de vieux poncifs

Altius Citius Fortius
Est une devise incomplète
Il manque une notion en plus
Cette célébration mérite la fête

Les rideurs savent faire preuve d'empathie
Face à l'omniprésence des blessures
Notre grande compréhension est une valeur sûr
En toute circonstance nous mesurons la
philosophie

En street il n'y a jamais de juge
Seul ton honnêteté, sa pitié

C'est ainsi personne ne gruge
Ça s'est passé dans la foulée

Servir notre cause, faisons-le avec joie
Autour de nous il y a souvent de l'ambiance
Car il faut vraiment savoir rire de tout ça
Garder la bonne humeur, montrer sa persévérance

C'est vrai il y a un risque d'avalanche
Je n'aurais pas dû passer en hors piste
Est-ce que c'est saisir sa chance ?
Où vouloir juste rejoindre la liste

Il n'y a plus de place dans le refuge
La montagne nous a happés
Nous devrons user d'un subterfuge
Pour pouvoir nous reposer

Je rends ici hommage à mes entraîneurs
Sans eux ma discipline n'aurait pu m'épanouir
Autant qu'elle devint pendant des heures
Une véritable manière de grandir

A force d'utiliser les clips et vidéos
Il fallait prendre un peu de recul
Pour cette raison en quelques mots

J'apporte un peu de jour, j'hulule

Les skate-parks sont omniprésents
Dans toutes les villes ils sont construits
En ces lieux jamais on ne s'ennuie
Car chacun d'eux est différent

Durant plusieurs mois j'étais convalescent
Il fallu guérir de multiples lésions
Sado-maso n'est pas mon vrai penchant
Cependant avoir mal était presque bon

Mourir jeune, vivre vite, est faux
Ce n'est pas parce que j'envoie du gros
Qu'au bout du compte je vais disparaître
Tout n'est qu'une question de paramètre

Descendant à quatre vingt kilomètre heure
C'est la vitesse que j'ai atteint en roller
A cette allure l'être humain mute
Il n'existe plus qu'un seul but

Je n'ai jamais vu le bowl de Marseille
Il s'agit là de mon plus grand regret
Mes amis m'ont parlé d'un mythe pareil
A celui d'Ulysse et ce qu'il promet

Mégalo, clepto, parano, schizo,
Les piétons ne me comprennent pas
En patin il n'y a rien de nouveau
C'est vous, qui vous demandez quoi

Vu la taille des vagues aujourd'hui
Je vais tout droit en enfer
Hélas je saurai quoi faire
Pour survivre parmi tout ce bruit

Capturé par le phénomène

C'est vrai je n'ai pas connu le summum
Des envolées acrobatiques
Pourtant j'en ai pris des bonnes
Transcendé d'avoir eu le déclic

En roller je me suis surpassé
Mais cela n'a pas suffit
J'ai atteint la limite effacée
Celle que personne n'avait dit

Il faut parfois chercher profond
Ce qu'on appelle une idée nouvelle
C'est même au plus loin d'une poubelle
Que le génie donne des leçons

En toute circonstance nous nous reconnaissons
L'audace, la dégaine, la décontraction naturelle
On se retrouve ainsi souvent à l'unisson
Pour être vraiment cool il faut parfois du zèle

Après mon erreur tu soigne ma blessure
Ton indulgence à me yeux est une preuve d'amour
Tu étais fier de moi, tu pouvais être sûr
Que je donnais tout chaque fois, quitte à être lourd

Dans le brouillard de Cran Montana
Punk malade j'avançai trop vite
Ivre et provocant, on appel cela
Casse-cou, con comme une bite

Pour apprendre à jibber pas besoin de prof
Par le travail je parviens au savoir
C'est ma volonté, une question d'étoffe
Briller simplement comme un étendard

Vous ne le savez peut être pas
Mais j'ai déjà réalisé des exploits
Inutile de vous le redire
Tâchons juste de rebondir

Pour accéder à la sérénité
Parfois je médite en toute quiétude
Difficile d'arriver à satiété
Quand on mène ce genre d'étude

Avec la police il n'existe pas de friction
Quand on est un bon rideur
On s'insère dans la circulation
A sa plus grande stupeur

Par moment il nous rencontre intimement
Délivrant çà et là des conseils, une manne
Il est pourtant rare de voir un grand chaman
Dans nos villes, sous nos monuments

Sur le skate park de Montluçon

On ne s'est pas fait chier comme des cons
Tous nos slides, nous avons bossés
Pour réviser nos contes de fées

Comme j'ai multiplié les petits boulots
Il fut logique d'être inscrit au chômage
Ce qui me donna le temps et la rage
De croire dans les gros coups de pots

Mon père ne comprendra jamais pourquoi
Je ne travaille pas comme lui ça se voit
Mais l'évolution de notre monde ne peut
Dissimuler ou interdire ce que l'on veux

Ma mère aussi ne l'admet pas
Qu'il est devenu normal de glisser
Pour elle c'est un faux pas
Commis au lieu de travailler

Cette cicatrice est un souvenir
Du col des Aravis
Mon schuss, je ne pu tenir
J'aurai dû rester au lit

Le dicton nous le répète
Il n'y a pas que la houle

Si tu te fais un pet'
Sache-le, « qui roule bamboule »

De Londres, Stockholm, Lisbonne,
Rome, Athènes, Carcassonne,
Il n'y a qu'à Paris ou patiner
Est vraiment le luxe du roller libéré

Pour sortir de sa zone de confort
Pas besoin d'être psychopathe
Repousser ses limites vaut de l'or
Admettant cette notion adroite

Le travail m'ennuie c'est certain
J'aime me retrouver sur la grève
Pour la mer et son bon air marin
J'ai déposé mon préavis de rêve

Quelques fois je kiffe un tag
Emergeant de cette jungle urbaine
Ça nous change du goulag
L'expression d'une belle aubaine

C'est dans mes veines cette vérité
Ce besoin d'action viscéral, entêté
La meilleure façon de canaliser ma haine

Juste entre deux marées Vendéennes

Si le futur ne peut plus m'apporter
Le renouveau promis excitant
Je vais tout droit enlacer
Cette manière de sortir du rang

De tous ces vastes territoires civilisés
Une seule attitude me confronte
A cette délicieuse féminité
Mon courage affranchi de honte

Evoluer sur le bitume est sérieux
De tous les éléments, seule la pierre
Exige un geste aussi furieux
Pour l'équilibre qu'elle requiert

Engager ces mouvement aventureux
Nécessite une bonne connaissance
De mon cerveau, un homme heureux
Pour demeurer en pleine conscience

Pour tout le sel de la lagune de Lacanau
J'élimine du dialogue les lieux communs
Voyant mes surfeurs voler tel des oiseaux
Aux vagues fugaces surgissant du lointain

Pas une règle mais un état d'esprit
On se salue d'un « check » vif et précis
Simple histoire de vérifier
Si le courant continue de passer

Lèche cul, faux derche, casse burne
Je demeure civilisé de l'anarchie
Car il reste ici et pour nos urnes
Le fondamentale principe de démocratie

Aujourd'hui une page s'est tournée
La société absorbe dans la normalité
Notre sécurité s'est insérée par millions
Je ne vivrai plus jamais les mêmes émotions

Volontairement je me suis fait virer
Le patron était saoulant
Comme ça j'ai pu encore surfer
L'allocation me donna de l'argent

Parcourant le monde j'ai découvert
Une lassitude une monotonie
Seul moyen de se mettre au vert
La solution, rester fier de ses skis

Cette vie ne connais pas de frontière
Des rencontres compréhensives au Shaka
Langage valable partout sur Terre
L'expression du cool est toujours là

Sur tes courbes je me veux gentleman
Ta douce personnalité heureuse
Ne dois pas tomber en panne
Dans mes narrations fiévreuses

Sur des paysages souvent on distingue
Les hommes tels des insectes
Agglutinés tous dingues
S'adonnant à cette curieuse secte

Je serai un prince ou un tocard
Alors pour éviter de l'avoir dans le cul
Ouvrons les portes de cette forme d'art
Je dois m'arracher comme on ne l'a jamais vu

Afin de bourlinguer plus discrètement
J'ai eu le bonheur d'avoir une berline
Ce qui a été très sincèrement
Mon meilleur choix, rester digne

Partout il existe des clans de locaux
En pleine jeunesse on a des idéaux
Croire en un monde meilleur chaque jour
Pour tous ensemble dessiner ces contours

Si je suis capable de franchir la barre
Jusqu'au bout du monde je t'emmènerai
Car sans rien laisser en retard
Nous oublierons ce futur désuet

Bien entendu j'écume aussi les bars
Calmes et retenus ce ne sont jamais les mêmes
Mon amour tu me laissa dans le brouillard
Tu n'étais jamais l'âme *aime*

Blotti contre sa puissante épaule
La vague me couve puis me projette
A moi d'interpréter que cette drôle,
Mouvance de l'eau me reflète

Par tous les esprits de la montagne
Je deviens presque étoile filante
Sur ce pan de neige vierge de lianes
Je trace ma ligne, droit dans la pente

Ce sont bien entendu des villes de légendes

Chamonix, Biarritz, la cordillère des Andes
Qui que vous soyez, vous y rencontrerez
Une société mystique faite de passionnés

Si tu n'y arrive pas essaye de continuer
Travaille tes bases, revois, tente de persévérer
Si c'est au fond vraiment ce que tu désire
Sans être découragé alors tu pourra choisir

En toute circonstance accroche toi à ta board
Ton leash, tes fixes, du grip, tiens-la fort, cramponne
Les spectres maléfiques, voyagent parfois en hordes
Ce combat est dur à mener, quitte à en faire des tonnes

J'ai failli cinq fois mourir
J'ai plusieurs vie de chats
Il ne faudrait pas en rire
Car un jour j'y aurai droit

Je t'aperçois parfois si belle
Pour toi je pourrai tout abandonner
De mes idiotes velléités
Juste vénérer ta séduisante beauté

La fureur de vivre, ouvrant l'éternité
Jusqu'à toucher du doigt, l'immortalité
C'est ce que l'humanité transmet
Pratiquant la glisse, ce jouet !

Simplement devenu hyperactif
Pour ton glamour je suis prêt à tout
Presque fou, surfer les récifs
Au-dessus des rochers flous

Bien sûr j'ai fait de nombreuses teufs
Ivre, cynique, relou,
Mais il n'y a que dans la peuf
Où je me sentais debout

On m'a traité de malade mental
Les gens jaloux sont tous banals
Car au village sans prétention
J'avais mon skate comme exaction

Marcher sur le sable, voir la neige tomber
Autant de douceurs calmes, de sensations
Que l'on sait prédestinées à la dévotion
D'une simple proposition, aller prier

En roller entre les voitures
Un signe de caractère dur
Qu'est-ce que j'ai halluciné
Audacieux d'avoir osé

Toute les conneries que j'ai pu faire
Ne sont pas politiquement correct
Tant d'émoi ne pourrait alors taire
Ce que votre intuition détecte

La free-party a été cette mode
N'avoir rien de spécial à arroser
Quelque chose d'abstrait, une ode
Une transe brutale à tenter de danser

Dans l'évolution humaine
On trouva souvent des âmes pures
Pour la glisse certaines
Sonneront le renouveau c'est sûr

Dans l'extrême c'est l'hécatombe
Tous ces morts autant de tombes
Difficile de vivre mollement
Sans jamais frôler l'accident

La lutte des classes avec un skate

Presque infaisable un vrai casse-tête
Il faut trouver les bonnes personnes
Faire le bon choix, changer la donne

C'est la vérité, j'étais rebelle
Grâce au roller je me suis évadé
Marginal rattrapé grâce à elle
Or notre amour, m'a réconcilié

Certain diront « c'est des mythos »
Mais il y a des preuves en vidéo
De toute cette verve, cette poésie
Ici l'histoire n'est pas finie

Ce jour là au Brévent, j'ai refusé
La voie n'inspirait pas confiance
D'aucune manière pour m'engager
J'allais tout droit dans la défiance

Bobos, éraflures, entorses, foulures,
En sophrologie je suis devenu expert
Car franchir la traversée du désert
Doit vous faire oublier ces fioritures

Les sports extrêmes, l'érudition
Cette glisse fragile, une grande passion

Presque dandy des roulettes
J'avançai perplexe vers qui vous êtes

Bonjour le glamour, mein liebe

De tous les immenses panoramas
Tu es mon plus beau paysage
Ta beauté en moi fait des ravages
Le seul terrain où je ne glisse pas

Le soir dans certains quartiers en roller
Je croisais de belles putes
C'est encore la même lutte
On rêve tous d'un salaire de footballeur

Avais-je simplement perdu la tête ?
Choyer une telle intensité de vie
Prétexter un moyen d'être à la fête
Obnubilé puis sourd à cette envie

Le monstre en moi se matérialise
Dans cette abîme, cette pente qui frise
C'est hélas à cet endroit que skier
M'apporte paix, joie, sincérité

Heureusement je ne suis pas un Bisounours
Ici vous l'avouer n'est pas aisé
C'est juste un peu comme à la bourse
Le free-ride, subi, la loi du marché

Certes je ne respecte pas les règles
De construction de la poésie
En roller, je tente la position de l'aigle
A qui l'innocente proie sourie

Le free ride est un exemple

De l'universalité du sport
Notre planète est un temple
Qu'il faut protéger d'abord

La mode, cet art sacrificiel
Est quasiment un besoin sensoriel
Pour se sentir bien dans sa glisse
Etre stylé quelques fois vous hisse

A cette table j'ai perçu un flash
Certainement j'ai abusé du hasch
Extralucide, je n'ai pourtant pas fumé
Pendant plusieurs jours avant de m'élancer

En Suisse certain le connaissent
Ce trick nommé magique
C'est ainsi, d'autres naissent
Par fantaisie, somme toute logique

On peut enfreindre et non pas bafouer
Tous nos règlements conventionnés
Pour repousser nos limites
Sans plonger dans la faillite

Sur mon home spot je me retrouve
Je m'entraîne au jour le jour

Cette force en moi qui couve
Me guidera sur mon parcours

Bien plus que les pulsions
De mon sex, j'ai besoin
De glisser plus loin
Que cette amoureuse version

Philosophie à part entière
Parfum d'absolu
Pour moi cette glissière
Mérite quelques abus

Sur les routes du Puy de Dôme
En descendant j'avais l'arôme
De la vitesse sa gravité
Comme incarner, un être dénudé

Au confins des grands espaces
Le surnaturel extraordinaire
Ne laissera pas une place
A cette impact, tomber à terre

Ici pas de nouvel item
Pour expliquer que j'aime
Tout sauf prendre une mousse

Je ne suis plus capable d'avoir la frousse

Ce point d'exclamation !
A juste signifié
Qu'au cœur de la baston
Il faut raison garder

La rampe est un gadget
On refait tous pareil
Stylés, crispés en skate
Si l'un de nous réveille

L'essentiel n'est pas d'être indigent
Il faut surtout placer l'humain
Comme centre de tout ce temps
Pour mieux comprendre demain

Si le skate semble trop banal
Retourne l'arme contre toi
Ça pourra être fatal
Si tu cours après l'exploit

Loin de la poussière des villes
Le surf lave mes névroses
Il faut que je reste facile
Car sous chaque vague je dose

Quand je vois ce que font les jeunes
Je me sens décomplexé
Car écrire ici c'est fun
De pouvoir s'exprimer

Les pros sont des machines
A faire rêver les foules
Moi ce qui me fascine
C'est les petites houles

Quand tu caresse mon plexus solaire
Je touche au but, n'ayant rien pu faire
Donc sur ce précipice cette voie
J'allais choir, perdre la foi

Sur cette pente presque en train de tomber
Avec facilité j'étais là pour skier
Et j'ai senti un ange quelque chose de divin
M'accompagner, ouvrir le bon chemin

En skate c'est toujours quand tu veux
Si tu maîtrise le holy, mon pote
C'est que t'es rentré dans le jeu
Je dirai, tu as touché le jackpot

Concentration, sophistication
C'est la clé des mouvements
Ça te sauvera vraiment
Pour suivre ces trublions

Au sommet d'une montagne
Il m'est arrivé de pleurer
Seul sur mon mat de cocagne
Face à toute l'immensité

J'ai toujours fuis les big airs
Ainsi que la masse de population
Pour ne pas dire qu'hier
Je me suis fait chier comme un con

Faire le zouave fantasque
Il n'y a que ça de vrai
Dans une société flasque
Ou tout apparaît désuet

C'est la réalité j'en ai bavé
Quelques joints, des clopes
Parce que t'était salope
D'encore mieux me pousser

Je ne pourrai plus surfer Teahupoo
Mes jeunes années sont passées
J'ai dû laisser au fin fond du Prado
Un bon paquet de bonne volonté

Ma plus belle trace est invisible
Passage éphémère presque risible
Néanmoins je m'étais appliqué
Pour qu'elle soit fluide, bien dessinée

Les chargeurs sont devenus super-héros
A mon époque il suffisait de glisser
Maintenant j'ai l'air d'un blaireau
C'est bientôt sur la lune qu'ils vont skier

Conquérant de l'inutile
Je m'étais bien marré
Insouciant, volubile
A vouloir tout surfer

Une seule règle, peu de contrainte
Repousser ses limites
Ou l'opportunité d'atteindre
Cette unique ligne de conduite

Il faut savoir lire les signes

De la nature, les interpréter
Dans les vagues comme à Tignes
J'ai beaucoup observé

Je n'ai pu toucher
Le paradis des rideurs
Mort ou vivant, désabusé
Quelle veine d'avoir eu peur

Avoir le sentiment d'être prisonnier
D'un grand supermarché
C'est le succès, démocratisation
D'un vent d'imitation

J'ai sillonné l'Europe
Pour plaire à quelques *Tops*
Qui ont toutes adorées
Mon corps contusionné

J'ai pris mes premières vagues
A Supertubos
C'était une session en flag
Voyager dans le cosmos

Bercé par Thierry Donard
J'ai voulu moi aussi

Pratiquer cet art
Glisser jour et nuit

J'ai eu mon quart d'heure de gloire
Il n'y avait aucune caméra
C'est même une drôle d'histoire
Des badaud peuvent raconter ça

Souvent le parfum d'antiquité
Intemporel m'a transporté
Sur de puissantes déferlantes
Je puisais une joie opulente

Les gadins sur le goudron
Forgent le caractère
Désinvolte quelle ambition
Que vouloir prendre un peu d'air

Partout le surf libre apporte
Un peu de paix dans le monde
Car avec respect il transporte
Cette valeur d'humilité profonde

Imagination, créativité,
Une qualité c'est de savoir s'adapter
A toutes les conditions

Qui changent à chaque saison

Selon Gibus de Soultrait,
La glisse est une opportunité
Elle a un vrai attrait
Son instinct, en vous, révélé

Pour descendre le Simplon
Faut en avoir dans le caleçon
Cette route vertigineuse
Est tout-à-fait périlleuse

Ta peau bronzée de Vahiné
Et tellement douce à caresser
Ici je dois faire preuve d'audace
Car ton cœur bas sous sa surface

Jouer de son poids sa gravité
Et plus qu'un rite initiatique
C'est devenu la réalité
D'une addiction cinématique

Quel plaisir de pouvoir dépoussiérer
La littérature, maîtresse sauvage
En argot, en Anglais vous conter
Ce que je faisais dans les parages

C'est vrai j'ai absorbé des drogues
Parfois simplement pour me soigner
S'il est bon de se sentir planer
Je sens que je deviens démagogue

Finalement serein sur la plage,
je repense à ce mirage
Qu'importe la raison
Le feu anime ma passion

Pendant des heures de stretching
Avant de remonter sur le ring
Je me suis longtemps préparé
A accepter les dommages d'un raté

L'hiver, le printemps, l'automne, l'été
J'ai cru être invincible
Trop sûr de moi, blessé
Je palpais l'indicible

Boire des bières, boire des bières,
Il m'est arrivé d'en abuser
Grisé, saoul, faisant marche arrière
En ayant la sensation de gerber

Guettant les vagues sur le pic
J'ai trouvé des fortunes de mer
De curieux messages, des mosaïques
M'indiquant être proche de l'enfer

Invoquer des Dieux païens, Zeus, Posséidon
Avec le nihilisme moderne d'une consternation
C'est la grande richesse de s'abandonner complètement
A sa seule vocation, rider au firmament

Prendre le large, s'évader, Carpe Diem
N'avoir comme seul tourment que le risque de chuter
C'est sans doute le destin de l'humanité
Car ce skate est déjà, une partie de vous-même

Boire la tasse
Au centre des embruns
C'est la poisse
Hédoniste épicurien

Zion, un moment somptueux
Qu'il ne fallait pas poursuivre
Fatigué presque honteux
D'avoir anticipé le givre

J'aurai jamais dû braquer ces lattes
A cause de ça, je suis échec et math
C'est l'équivalent d'une grosse dorsale
Qui en fait, ne protégerait que dalle

Sur le coping, trépigner d'impatience
Investir le spectaculaire sans assurance
Sur le skate park rien ne t'oblige
Je pris mon temps, est-ce que tu piges ?

Par le Dragon d'or de mes entrailles,
Le Phœnix
Moi et tout mon attirail
Cette planche est à nouveau prolixe

Humour burlesque

Une chute c'est souvent rigolo
Quand on préserve son ego
C'est l'instant d'un phénomène
Où l'on peut libérer sa haine

Tant que je ne suis pas allongé au sol
C'est que j'ai du bol
L'équilibre donne parfois
Une étrange démarche ça se voit

Existentialisme mondain
J'étais en roller, de toutes les randos
Bluffé par mes patins
On zappait l'apéro

Ma verge est un membre,
Tout comme me skis
Inné ou acquis
Quel extraordinaire cambre

Encore une dernière vague
Puis quelque part, une femme
M'attend, sans cette bague
Elle pourra devenir ma dame

C'est la plus belle façon de rater sa vie
Parmi toutes les souffrances du monde
Surfer, skater, au gré de ces lubies
Rien ne peut étouffer cette onde

Sur les monts de la Clusaz
Ma connivence avec la lune
Se dissimule derrière chaque dune
Quand on ressent le Aloha

Voyageur sans bagages
Je pourchasse mes doutes, trouve des certitudes
Si je gagne cette vague à la nage
Elle sera le fruit de ma plénitude

Mon cœur et ma fougue s'entête
Je ne m'obstine pas, je skate
Sous l'ensorcelant soleil
Ma danse n'a pas son pareil

Kamikaze de mes émotions
Je sais qu'une culbute
N'est pas toucher au but
Pourtant c'est un don

C'est comme retirer son leash pour surfer
Etre capable de parfaitement gérer
En osmose avec l'élément
Sûr de soi, carrément

Le néo libéralisme est une ruine
Unique espoir dans toute aventure
Laisser dissiper cette bruine
Déraper sur le béton, slider dans le dur

Sur le contest c'est la liesse

Chacun se donne à son maximum
Tourbillonnant dans l'extase, la hardiesse
Manque juste un vainqueur, c'est le prochain tome

Trash jusqu'au bout
T'en veux toujours plus
Capable de casser tout
Quitte à faire dans le superflus

Je n'ai jamais trop aimé la taxe
C'est une question de partage
Echangeant quelques bavardages
Tout en appliquant la wax

Réaliser toujours le même chemin
Chaque fois d'une nouvelle manière
Ça fait évoluer son destin
Tous les fleuves se jettent dans la mer

Quelque chose de spirituel se cache
Au creux du roulement, dans les roulettes
De cette paire de roller, de ce skate
C'est cette simplicité qui fâche

J'ai toujours pu aller aux urgences moi-même
Je n'envoyais sans doute pas assez

Les pompiers sont restés blême
C'est un ami qu'ils ont emmené

Envoyer valser les conventions
Ne se fait pas sans dégâts
On fait parfois saigner ses démons
A pâlir de torpeur ici bas

Face à mon tumulte trépident
Ce yoga conforta tellement mon équilibre
Que cela devint tout à fait évident
Tu ne jouerai plus avec mon chibbre

J'emmerde le politiquement correct
On n'obtiendra jamais rien de bon
Si tout le monde baisse son pantalon
Pardonnez-moi je me délecte

Je suis allé jusqu'à Essaouira
Là bas l'océan était plat
Toute cette fabuleuse rumeur
N'était qu'un sinistre leurre

Quand enfin nous nous enlaçons
Lorsque ton souffle murmure
Je brise enfin mon armure

Précieusement nous nous aimons

Sous le flex de mes skis
Il existe une Walkyrie
Qui ploie dès lors que j'ose
Par tous les moyens, prendre la pause

Mon Mantra est un leitmotiv
Tel l'épithète rideur
Je suis quelqu'un d'émotif
Sensible à la douceur

Il n'y a pas de vie après la mort
Autant vivre intensément
Tout prendre maintenant
Au risque d'avoir tort

Surfer dans cette crique rocailleuse
Etait un plaisir dangereux
Mais je t'ai retrouvé heureuse
Car j'avais surmonté l'enjeux

Le labyrinthe de Paris est superbe
Une session dans ces rues
Vous transporte c'est reçu
Ce voyage donnera le verbe

En free-ride, toutes les saisons sont bonnes
Il n'y a jamais de temps mort
Que des nouveautés d'accord
Jusqu'à ce que midi sonne

Pour être à l'aise je me suis beaucoup entraîné
Le nombril c'est le centre de gravité
Ainsi pour rester à la hauteur
Il fallu transpirer des heures

Observer comprendre s'adapter
Ton tatoo m'avait alerté
Ensemble nous parcourûmes la route
Grâce à nos planches nous n'avions plus de doutes

Quand nous nous retrouvions entre amis
Souvent il y avait l'un d'entre nous
Le gars blessé, le plus fou
Provisoirement diminué, il était ravi

Bien sûr j'ai croisé des stars
En détours au hasard
Des personnes simple avec une idée
Juste un objectif déterminé

Dans mes glissades, il y a une justice
Si je rate un mouvement
Perdant le contrôle superbement
C'est que j'ai abusé d'un vice

Un podium irréel

Pas besoin de médaille, non
Atteindre son optimum
Ne signifie pas écraser les hommes
S'exprimer demande de l'ambition

Mon prize money le plus beau
Je l'ai eu en descendant
C'était le sourire des passants
Me voyant surgir d'en haut

Sous le ciel étoilé, émerveillé
Je saisi ma planche, laisse aller
Au centre de mon univers
Mon élan était linéaire

Le funk le groove le rap
Dynamisent mon cœur
Ponctuent mes erreurs
Ai-je choisi ce gap ?

Tout en parcourant ces virages
Depuis le sommet de la Turbie
Mon skate roulait vers cet adage
Après le soleil revient la pluie

J'ai même nagé sur des vagues de rivière

A la Malate il y avait du gros temps
En surf je ne fais jamais marche arrière
Cet outil ne sert qu'à aller de l'avant

Au début je voulais juste travailler
C'est bien là toute l'ironie
De mon histoire est-elle jolie ?
Car le free-ride m'a aspiré

Les femmes sont mon essentiel
Sans toi je deviendrai malade
A force de regarder le ciel
Embarqué dans ces jérémiades

Mon corps tout entier, mon sexe
Ne recherchent que le plaisir
Même dans les bras de Lélex
Je recommence à rougir

Toujours appliqué
J'ai entretenu mon matériel
Veillant à ce bienfait réel
En soit, rester bien inspiré

Jouer en descente avec la pesanteur
Est une force universelle d'attraction

Celle des planètes, quelle abstraction
Il faut parfois savoir dompter sa peur

Quelle satisfaction de pouvoir crier
Hurler, éructer en pleine nature
Rien ne vous empêche d'une rature
S'exprimer pleinement, extérioriser

Dans toutes ces disciplines,
Il y a du raffinement sur l'angle
Cette position cristalline
Equilatérale triangle

Je n'ai jamais eu de meilleur trick
Boulimique de glisse
Je n'avais qu'un seul pic
Trouver la route la plus lisse

Après avoir eu de nombreuses blessures
Je le sais la douleur est une force
Elle vous guide d'une manière sûr
Si vous oubliez qu'elle est atroce

Dans ce triptyque
Il y a un intrus typique
Ville, montagne, océan

Devinez qui vous ment

De toute cette perte de temps et d'argent
Je ne garde aucun regret
A l'aube comme au soleil couchant
Je savais ce que cela valais

Addict aux émotions, en vrai
Je me suis défoncé c'est laid
Or de tout ce que j'ai pu tester
Seul l'aventure vous fera gagner

Pour un éclair de brio
En action
Atteindre le plus haut
De la saison

Dans les lacets de la Dole
Nous étions une vraie communauté
Tous impliqués dans ce viol
De la voirie autorisée

Un skate est le meilleur rapport qualité prix
Entre la puissance des émotions
Et son coût qui vous dit oui
Cultivez-en la passion

Avec ces rotations de derviche
J'avais répondu chiche
A en être étourdi
Dans un geste choisi

Face à la société de consommation
J'ai trouvé refuge dans cette exploration
Avec un tel champ de liberté
Il fut impossible d'être brimé

Barboter dans l'eau
Courir dans la ville
Skier au plus haut
L'enfance indélébile

Perpétuellement en déplacement
Je ne stoppais mon voyage
Que pour écouter vraiment
Des personnes de passage

Ton orgasme est encore en moi vivace
Pour que toujours rien ne l'efface
Je me suis alors engagé
Au-delà de mes capacités

Tomber sur le goudron fut magistral
Je n'en ai pourtant pas souffert
N'échappant aucun râle
Le trottoir était désert

Toi ma muse tant recherchée
J'ai fouillé partout en ville
A en devenir débile
Je skatais pour te trouver

La pulsation de l'environnement
Est vivante elle bat en moi
Chaque saison et son émoi
Se parcours naturellement

Toutes les parties de mon corps
Sont soumise à rude épreuve
Skater sur la pierre vaut de l'or
Mais il y a parfois des veuves

Une fête bucolique et champêtre
Existe depuis des années
C'est même la raison d'être
D'une belle bande de frappés

Ni dieu ni maître
En skate, c'est pas tout à fait ça
Il n'y a pas de traître
Qui inventerai une loi

Une porte se ferme, une autre s'ouvre

Une telle simplicité
Vous fait voyager dans le temps
Avec ma planche armé
Je négociais l'allant

Dans la folie d'Avoriaz
Nous étions une bande de nazes
Qui parvins à extraire
Ce que le dogme modère

L'onirisme de toutes ces bravades
Resplendi en nous
Comme une maîtrise froide
De votre étrange courroux

Remué par de forts creux
Je m'agrippais à elle
Donnant tant de force à ce jeu
Tu étais tellement belle

Sentir la sueur sur mon visage
En plein hiver très sage

Remontant la pente
Portant ma board patiente

Comme la mélancolie sucrée
Zen après la session terminée
Il ne persiste aucune trace
D'un déséquilibre, la mauvaise passe

Fais-toi plaisir
Nous nous le sommes souvent répété
Toutefois sans en rire
Comme une promesse d'éternité

Le rockering est un indice lourd
Une belle courbe, harmonieuse
Je change de slip chaque jour
Pour dessiner des lignes gracieuse

Je me sens presque usurpateur
Je ne risque plus de voltiger
C'est le poids des années
Qui m'emporte vers le malheur

Frêle et fougueux Shiva
La vitesse silencieuse
D'une innocence pieuse

Ma transporté jusqu'à toi

Logique de la jungle urbaine
C'est de tout les éléments
Le seul où l'on peut perdre haleine
L'homme parfois sous-entend

Avec la loi de la gravité
Tout ce qui monte, doit retomber
Je n'étais jamais bien haut
Juste assez pour morfler gros

Rider c'est aussi se déplacer
De la manière la plus élégante
Au Valhalla, il ne faut entrer
Et toujours relire Kant

Repousser ces limites est facile
Au début tout est accessible
Pour qu'enfin tout ne tienne qu'à un fil
Au point de pouvoir rater ma cible

Je me suis peut être mis la pression
Sortant du jeux vidéo
Ma zone de confort, son jeu de go
La désobéissance fut une raison

L'industrie du skate à tout tenté
Entre rêve et galère
Je n'ai pas une seconde hésité,
Choisissant la glisse pour tout refaire

J'ai aimé être marginal
Slider au quotidien
Ce karma était le mien
Mieux qu'un gars normal

Il fallait quelques fois trouver
La rage tapie dans ses veines
Pour pouvoir envoyer
Impressionner sa reine

C'est comment ?
Sketchy
T'as du mordant,
De l'inertie

La grande joie du roller
C'est qu'on peut en faire n'importe où
Avant d'écouter son cœur
Ne pas s'écorcher le genou

Mon unique regret
C'est tes baisers avec la langue
Sans toi déjà je tangue
Repartant d'où je venais

Dans cette poésie sincère
Je n'ai rien inventé, c'est l'ère
A part peut être ce mot
Disposant quelques *paliquos*

Psychologiquement conscient
Que le pire peut survenir
Grisé, j'offre un grand sourire
Juste là, en terminant

En roller j'avais très souvent
En centre ville en roulant
Le clin d'œil des badauds
Chargés, eux, de leurs fardeaux

Le sable partout s'est immiscé
J'ai quitté la plage
Je suis parti sonné
Dénué de tout gage

Se débarrasser des codes
Et un thème, une ode
Dont je ne peux ici
Vous raconter les ennuis

Même aux remontées mécaniques
Je suis passé pour farfelu
Dans la file d'attente cynique
Je vous montrais mon cul

Tout reprendre à zéro
Jusqu'à l'instant du déséquilibre
S'abstenant d'être le gogo
Critique de quel calibre

Tout ces événements
Se déroulent outdoor
Quand elle coule jusque sur vos dents
La pluie vous rend plus fort

Un bang, du champagne
Avant de dire « c'est mort »
Toute une vie, pas de castagne
Connaître l'illusion du matador

Ce soir là je trouvais enfin l'hôtel

Plus qu'un gîte, un Riad
J'avais heurté Châtel
Dans une étrange bravade

En affûtant mes carres
Je pris soin de ne pas me couper
Sur la glace un peu tard
Une bonne boite m'avait zippé

J'ai foiré mon « no future »
Sans doute à cause de l'usure
Comme éclater de rire pour rien
Ou ne pas se gausser d'entrain

J'avais même fait la saison
Un métier de la restauration
Au cœur d'un grand domaine
Comme pour retrouver Flaine

Pour l'intensité de vie
La densité d'action
Le free-ride c'est inouï
Quelle récréation

Je pris soin de mon fartage
C'était un détail, un réglage

Mais je devais être à l'aise
Même en canard garder la braise

J'ai dû aussi me battre
Sans gloire ni honte
Nous nous retrouvions quatre
En laissés pour compte

Le stress illuminé
A l'instant de l'impact
Me remémorant notre pacte
In extremis, je suis sauvé

S'interroger, trouver des réponses
Voir Bidart, le Mont Blanc
Si tu y vas, fonce
En douceur, précieusement

Notre civilisation normée
A réussi à me créer
Un innocent sous produit
Du fruit de nos folies

La minéralité du monde
Se cache dans les endroits déserts
Là où votre foi gronde

Pour votre esprit ouvert

Face au danger maîtrisé
Quel shoot de lucidité
Trouver le bon spot
Le père Noël l'a dans sa hotte

Vous ne saurez pas si j'ai été grand
Sans apercevoir ce qui fut filmé
A votre avis est-ce que je ment
Au fond de vous, trouvez la vérité

Quand tu as vu la mort de près
Tu apprend à relativiser
En free-ride c'est tellement vrai
On devient facilement handicapé

Mon corps me guide
Quelque soit le terrain
En skate boute-en-train
Le déterminisme fluide

Desserrer la mâchoire
Avant de s'élancer
C'est toute une histoire
Rester calme, rassuré

Je n'ai qu'une recommandation
Si tu aimes les holys
Soigne ton hygiène de vie
Trouve l'attitude du champion

J'ai pris mon pied en m'étirant
Ce n'était pas pour la frime
Peut être la posture, un mime
De ce qu'on nomme assouplissement

Saoul, ivre de ma passion
Je vais reprendre ma planche
Avant qu'elle n'abandonne notre fusion
Pour une étrange peine à la hanche

Luc, Oscar, Manu, Yvon,
Vous m'aviez ouvert la voie
Montré l'attitude du champion
Que j'avais fait naître en moi

Une fois à terre, paume de mains vers le ciel
J'aurais pourtant juré, avoir fait des merveilles
Sans oser rire d'avoir eu tant de chance
Déjà reparti vers d'autres persévérances

Epilogue

Un sentiment de confiance puissant
Vous habite totalement
Quelque soit le terrain
Même parfois entre tes reins

Le coup de pied dans la planche pour la relever
Vif, net, précis
Jamais indécis
Donne le ton pour la session à vous révéler

Les gens tristes qui ne glissent pas
Ignorent tout de la simplicité
Dont je fais preuve face au trépas
Surtout en skate rien n'est donné

Les regards posés sur moi, teintés
De crainte ou d'admiration
Amusent mon ambition
Au risque de me faire vaciller

Sortir du conformisme
Est un signe d'humanité
Comme préserver l'idéalisme
D'une session en liberté

Vivre des émotions formidable
Qu'il faut taire ou je passe pour le diable
Juste en équilibre sur le fil du rasoir
Transforme la vie, du matin jusqu'au soir

Les odeurs de la cité
Tantôt nauséabondes ou enivrantes
Emportent ma témérité
Au pas séduisant des passantes

Comme lors d'un orgasme

Sa conquête est longue
Mais cette pente oblongue
Me tirera du marasme

Voir le monde tel qu'il est
Un gigantesque terrain de liberté
Il est jouissif de se l'approprier
Un skate simplement le promet

Nous construisions ensemble
Un babel de jouissance
En abolissant toute souffrance
Avant que nos cœurs tremblent

Hypnotisé par le ressac,
Le vent bouscule ma planche,
Vu les rouleaux, ça claque
J'ai besoin d'un paravalanche

La jeunesse exacerbée
Sur tous les terrains de manœuvre
Sur l'océan d'éternité
Atteindre partout le chef d'œuvre

La recherche perpétuelle du geste parfait
Avoir cette assurance

De toujours tenter sa chance
Car aucun autre détail n'importait

Canaliser son anxiété, gérer son stress
Avant de s'engager
Bien reconnaître ses faiblesses
Finalement se dépasser

En mer, en montagne, les conditions sont vivantes
Et même sur la route
Sans aucun doute
Il faut avoir des notions savantes

Le spectaculaire ?
Me la refaire.
Ça va être dur,
Question d'envergure

Si tu veux être un Athlète
Fait gaffe à la cigarette
Cette drogue sournoise
Facilement te toise

Partir rider au départ de la maison
Et un luxe d'adaptation
Courir vers son idéal

Se veux toujours loyal

Excité par la neige fraîche
Je ressens l'effervescence
Le désir d'allumer la mèche
Partir skier en transe

Sur une vague mal appréciée
Mon surf m'a pété le nez
Distrait comme un débutant
La houle a ce quelque chose d'irritant

Les fontaines publiques désaltèrent
Et nourrissent d'érudition
Le skate et sa connaissance, ère
De figures osées, en bonne impression

Le free ride est une rhétorique
De l'art du déplacement physique
Sans marcher ni courir
Glisser jusqu'à sourire !

Les gens, passants, les personnes avenantes
Peuplent la cité à ma rencontre
Lorsque que je skate, ils me montrent
Donnant à mon ride, une sympathie puissante

La nuit en ville silencieuse endormie
Agité d'une tendre euphorie
Se parcours en roller de partout
Des boulevard délaissés pour nous

Cette aventure, c'est une responsabilité
Le corps humain est fragile
Notre environnement est fragile
La prise de conscience forge l'identité

Le claquement de mes fixations
Mon leash et son scratch silencieux
Autant de gestes concentrés, pieux
Qui assurent mon intégrité, au fond

Dépravation sportive ou athlète sublimé
Une boite lamentable sur un module abandonné
Aurait pu être une prouesse exceptionnelle
Comment aurais-je pu savoir sans elle ?

En skate, je ne laisse pas indifférent
Soit on me déteste, soit on m'adore
Si Dieu existe, ce sentiment fort
C'est une relation jouissive chaque instant

Suivre la vague, ma pensée
Vomir sous les astres apaisé
Prendre peur isolé sur la plage
D'avoir abusé d'un breuvage

Certes, on dira, je me la raconte,
A mon avis, ne pas avoir honte
C'est un gage d'honnêteté
Comme dans l'action, s'employer

T'honorer le plus respectablement possible,
A tes yeux apparaître crédible
Est une mise en péril savoureuse
J'affectionne les cascades généreuses

Casser du matos,
Ce fut inhérent
A mon engagement
Faire vibrer mes os

J'analysais toujours mes gadins
Pour en éliminer les causes
Appréhender le mouvement enfin
Accepter facilement ce que j'ose

S'accrocher à l'arrière des voitures
Remonter la pente à toute allure
En roller atteindre des vitesses prodigieuses
Ne vous vaudra pas une attitude élogieuse

Comme pour les vagues ou la neige
Les routes les meilleures se conquièrent
Cette quête n'offre aucun privilège
Juste la recherche du beau, une prière

A notre époque ou tout est facile
Souffrir de ces propres erreurs
Vous transcende, on jubile
Avoir mal en skate ne fait pas peur

En vingt ans j'ai vu les glaciers fondre
Le littoral également reculer
Pendant que nous, capitalistes, sommes à l'ombre
Niant complètement nos responsabilités

Rire en trublion
Remuer la morosité
Maîtriser ses rotations
En arrière, se retourner

Il faut que j'arrête les contrepètries

Avant de finir par chuter dans la jatte
Je suis un véritable cancre en poésie
Sans me prendre au sérieux prenons date

Je ne m'ennuyais jamais sur les télésièges
Entre deux descentes en méditation
Concentré je comprenais les pièges
Poursuivant mon nirvana, furibond

Un skateboard ça peut dépanner
Si tu en as un oublié qui traîne
Et que tu vas déménager
Pour bouger les meubles sans peine

Je n'ai pas mené la vie de bohème
En quête de l'élément
Je guettais la neige, les vagues, les gens
Aucun voyage n'est jamais le même

Fartant mon matériel
Ainsi je me galvanise
D'une ambition exquise
Flirter à l'orée du ciel

Dans la communauté
La contre culture est avérée

Si on refuse le système
C'est qu'il pose trop de problèmes

Si tu es habité par le Mana
C'est que tu y es
Tu vis le free-ride au fond de toi
Sans doute, tu impressionnais

Je t'aperçois en ville fouiller ton sac
Simplement je mérite une claque
Tenant mon skate les mains sales
Notre rencontre est primordiale

Les skateurs ont une réputation de déglingue
Je trouve ça complètement dingue
C'est plutôt carrément triste
D'une vérité nous sommes artistes

Libérer toutes ces endorphines
Quand le geste s'affine
Effaçant la plus grande peur
Glisser pendant des heures

Au line-up je compte les vagues
Mauvais réflexe, c'est une blague
Je me prépare pour la prochaine

Pourvu qu'elle ne soit Sisyphéenne

De ce goût farouche
Propulsé au-dessus du néant
Je n'ai qu'un mot à la bouche
Savoir maîtriser son entregent

Les moments de grâce
Sont comme les arcs-en-ciel
Ils éblouissent et passent
Me conduisant jusqu'à elle

Il faut savoir répondre à l'appel du Tao
Piger qu'il est possible de skier plus haut
Si chacun suit son propre chemin
On parvient à influencer son destin

A partir d'un grip neuf
Mes appuis seront francs et net
Enraciné dans la vie, d'assiette
J'ai de l'appétit pour une teuf

Or, de toutes ces glissades
J'ai choisi mon camp
Même parfois dans la panade
La vie est plus belle, définitivement

Sortir du conformisme
Un plaisir d'esthète
Une chose t'inquiète
Le besoin d'héroïsme

Scrutant les vagues dans ma combarde
Je repense à cette star du X bien Hard
Là-bas c'est mieux que se branler
Passer la journée à l'eau tout mouillé

Quand les clapots de l'eau restent glacis
Ancrer ses quarts facilement
Partager le plus beau de l'océan
Ressortir du tube vers minuit

Je ne connais plus belle passion
Que cette évolution habile
Qui vous enracine dans la raison
D'une euphorie volubile

Le paradoxe de nos existences
Oscille entre folie et génie
En aucun cas ne perdre confiance
Dans ce que vous faites aujourd'hui

Aujourd'hui je me sens un rescapé
De toutes les erreurs que j'ai évité
Même la littérature apparaîtra dangereuse
Revendiquer haut et fort son idée hasardeuse

Avec ce virus il faudra éviter
De revenir en arrière se tromper
Etre toujours plus battant
S'engager tout autrement

Ayant dominé tant de douleurs
C'est tes yeux et leur couleur
Dont je ne peux supporter l'absence
Pour construire la résilience

Un rideur restera créatif, riche
Pour se déplacer sortir de la friche
Perpétuellement capable de se réinventer
Cette métaphore, continuer de glisser

Reste le plus important
Vis à vis de notre planète
Il ne faut pas l'escroquer, évident
Bien repenser à lui être honnête

Une glisse libre s'adaptera toujours
C'est une question d'intelligence
Un autre là-bas, ici ce jour
Franchir ce cap tenter sa chance

Oublie tout ce qui était écrit
Part, courre, glisse, vis ta propre vie
Soit toi même pense à la seule voie
Regarde le futur comme une source de joie

Un jour je repartirai
Comme je suis venu
En roller, modestement discret
Vieux d'un balancement ému

C'était en quelques rimes
Tout ce qui a été ma vie
Puisse cette mémoire sublime
Vous aie un jour servie

Table des matières

1 La prose s'impose…..…………..6
2 Un extravagant déplacement……15
3 Capturé par le phénomène..……...28
4 Bonjour le glamour, mein liebe...43
5 Humour burlesque………....…...58
6 Un podium irréel………....…….66
7 Une porte se ferme, une autre s'ouvre..74
8 Epilogue………....……………..86

Keep on riding smart !